이 책은
반려동물과 함께
즐거운 생활을 꿈꾸는

_____의 책
입니다.

멍냥연구소 7

1판 1쇄 인쇄 2023년 6월 14일
1판 2쇄 발행 2023년 8월 21일

원작 | 비마이펫
만화 구성 | 박지영(옥토끼 스튜디오)
발행인 | 심정섭 **편집인** | 안예남
편집 팀장 | 최영미 **편집** | 조문정, 손유라
표지 및 본문 디자인 | 권빈
브랜드마케팅 | 김지선
출판마케팅 | 홍성현, 김호현
제작 | 정수호

발행처 | (주)서울문화사
등록일 | 1988년 2월 16일 **등록번호** | 제 2-484
주소 | 서울특별시 용산구 새창로 221-19(한강로2가)
전화 | 02-791-0708(구입) 02-799-9171(편집) 02-790-5922(팩스)
출력 | 덕일인쇄사 **인쇄처** | 에스엠그린

ISBN 979-11-6923-789-5 (74490)

©BEMYPET
※파본은 구입처에서 교환해 주시기 바랍니다.

온 세상 반려가족 필수 반려동물 교양만화

멍냥연구소 7

캐릭터 소개

· 삼색&리리네 ·

삼색이

집사인 주인이에게 툴툴거리지만
사실 엄청 사랑하는 겉바속촉 고양이

주인이

삼색이에게 집사, 리리에게 쭈인으로
불리며 늘 최선을 다하는 보호자

리리

애교 많은 주인바라기로 주인이랑
산책할 때 가장 행복하다는 강아지

· 또 다른 동물 친구들 ·

예삐

리리가 첫눈에
반한(?) 강아지

삼신할매냥

고양이 탄생의 비밀을 알고 있는
신령냥

줄리에옹

은하수 같은 눈을 가진
냥플루언서

대장냥

삼색이 동네 길냥이들의
대장 고양이

차례

1장 강아지 연구소

♥ 1화 푸들은 어떤 강아지일까? · 8

♥ 2화 포메라니안은 어떤 강아지일까? · 26

♥ 3화 말티즈는 어떤 강아지일까? · 48

♥ 4화 강아지 냄새, 왜 나는 걸까? · 64

 견종을 구분하는 방법 · 90

 대표적인 하이브리드 도그 · 92

야옹♥

2장 고양이 연구소

♥ 5화 고양이 털색과 무늬에 숨겨진 비밀 · 96

♥ 6화 고양이 눈에 숨겨진 비밀 · 118

♥ 7화 대장 고양이는 무엇을 할까? · 140

♥ 8화 고양이 번역기를 사용한다면? · 164

 단모종 고양이의 특징 · 180

 장모종 고양이의 특징 · 182

푸들은 어떤 강아지일까?

푸들은 과거에 오리 같은 물새 사냥을 돕는 조렵견이었습니다.

일, 첨범첨벙 푸들
사냥꾼
푸덜

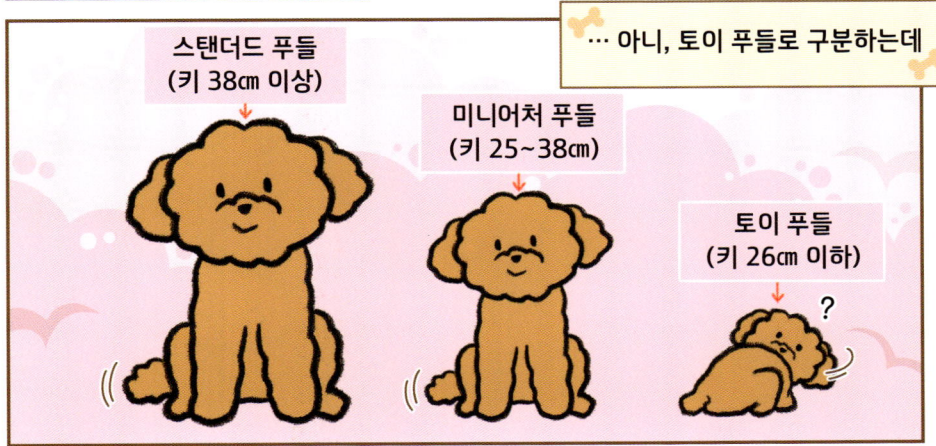

삼, 푸들 질병

푸들은 대체적으로 건강한 편이지만

취약한 질병으로는 뇌전증(간질), 에디슨병(부신피질기능항진증), 쿠싱 증후군(부신피질기능저하증), 위 확장-꼬임 증후군(복부팽창), 갑상선 질환, 관절 질환, 피부 질환이 있습니다.

갑상선 질환
위 확장-꼬임 증후군
관절 질환
뇌전증
에디슨병
피부 질환

푸들 질병: 비교적 건강한 편인 푸들은, 크기가 작은 종일수록 수명이 길어요. 푸들 질병에 대한 자세한 내용은 비마이펫 라이프(mypetlife.co.kr)에서 찾을 수 있어요.

포메라니안은 어떤 강아지일까?

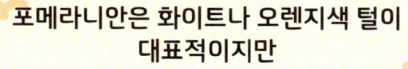

털이 풍성하고 길며 속 털과 겉 털을 가졌으며

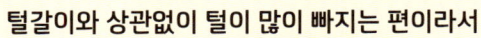

털갈이와 상관없이 털이 많이 빠지는 편이라서

평소에 자주 털을 빗어 주며 관리에 신경 써야 합니다.

스스로를 대형견이라고 착각하기도 합니다.

따라서 처음 보는 강아지에게 짖거나

하지만 뉴턴은 전혀 화를 내지 않았고

오히려 강아지가 무사한 것에 기뻐했다고 합니다.

3화
말티즈는 어떤 강아지일까?

일, 오랜 역사의 말티즈

우리나라에서 가장 많이 키우는 견종인 말티즈는

그리스 로마 시대부터 르네상스 시대까지

말티즈는 건강한 편이지만

몇 가지 조심해야 하는 질병이 있습니다.

대표적으로는 안과 질환, 기관지 질환, 관절 질환이 있는데

기관지 질환

안과 질환

관절 질환

가족의 사랑을 필요로 하는 편이기 때문에 가족의 관심이 줄어들거나

새로운 반려동물을 입양하면 질투를 보일 수 있습니다.

욱, 말티즈는 참지않기

말티즈는 자기 주장이 강하고 고집이 센 견종으로

자신이 원하는 것을 적극적으로 표현합니다.

보호자와의 관계도 안 좋아질 수 있습니다.

4화
강아지 냄새, 왜 나는 걸까?

 # 견종을 구분하는 방법

세상에는 다양한 견종이 있어요. 공인되거나 그렇지 않은 견종까지 포함하면 약 400~500여 종이 있어요. 일상에서는 견종을 크기(무게)에 따라 나누곤 하는데요. 미국켄넬클럽(AKC)에서는 어떻게 견종 그룹을 구분하는지 알아보아요.

❶ 스포팅 그룹(조렵견, Sporting Group)

사냥꾼이 새를 잡고, 잡은 새를 회수하는 것을 돕기 위해 개량된 견종으로 주변 환경으로부터 몸을 보호할 수 있도록 두껍고 방수가 되는 털을 가진 경우가 많아요. 스포팅 그룹에는 래브라도 리트리버, 골든 리트리버, 코카 스파니엘, 아메리칸 워터 스파니엘, 아일랜드 세터가 있어요.

래브라도 리트리버

❷ 하운드 그룹(수렵견, Hound Group)

비글

조류나 포유류 사냥감을 쫓기 위해 개량된 견종으로 달리기가 아주 빠른 특성을 가졌어요. 시각이 발달한 사이트하운드와 후각이 발달한 센트하운드로 구분할 수 있어요. 사이트하운드 견종에는 아프간하운드, 그레이하운드, 휘핏, 보르조이가 있고, 센트하운드 견종에는 비글, 닥스훈트, 블러드하운드, 잉글리쉬 폭스하운드가 있어요.

아프간하운드

❸ 테리어 그룹(Terrier Group)

쥐나 다람쥐 같은 설치류를 사냥하기 위해 개량된 견종이에요. 땅을 파서 사냥감이 사는 땅굴을 찾아야 하는 사냥 특성 때문에 키가 작고 머리와 몸통이 길고 좁은 경우가 많아요. 테리어 그룹에는 슈나우저, 불 테리어, 베들링턴 테리어, 러셀 테리어가 있어요.

슈나우저

멍멍이 상식 하나 추가요~!

❹ 워킹 그룹(사역견, Working Group)

그레이트 데인

썰매견, 가축 경비견, 집 경비견 등의 역할을 수행하기 위해 개량된 만큼 큰 키와 튼튼한 몸을 가져 힘이 세고, 지능도 높아요. 워킹 그룹에는 그레이트 데인, 로트와일러, 복서, 알래스칸 말라뮤트, 사모예드가 있어요.

❺ 허딩 그룹(목양견, Herding Group)

보더콜리

양, 소 등의 가축을 몰기 위해 개량된 견종으로, 스스로 생각하며 가축을 몰았던 만큼 똑똑하고, 친화력이 좋아서 훈련을 하면 매우 잘 따라와요. 허딩 그룹에는 보더콜리, 웰시코기, 저먼 셰퍼드, 풀리가 있어요.

❻ 토이 그룹(Toy Group)

치와와

반려견으로 키우기 위해 개량되어 크기가 중소형견 정도로 작아요. 반려견인 만큼 사람을 좋아하고 잘 따라요. 토이 그룹에는 치와와, 말티즈, 퍼그, 빠삐용, 포메라니안이 있어요.

❼ 논 스포팅 그룹(비조렵견, Non-Sporting Group)

비숑 프리제

앞의 6개 그룹에 포함될 수 없는 견종을 모아 놓은 그룹으로, 배경, 성격, 특징이 각각 달라요. 논 스포팅 그룹에는 비숑 프리제, 꼬통 드 툴레아, 프렌치 불독, 푸들, 시바견, 차우차우, 달마시안이 있어요.

견종을 간단하게 크기 별로 나눌 수도 있어요. 우리나라의 경우 국립축산과학원의 기준에 따르면, 강아지 체중이 10kg 미만이면 소형견, 10kg 이상 25kg 미만이면 중형견, 25kg 이상이면 대형견으로 분류된다고 합니다.

 ## 대표적인 하이브리드 도그

의도적으로 서로 다른 견종을 교배하여 태어난 강아지들이 있어요. 이 강아지들은 믹스견이라기 보다는 하이브리드 도그 또는 디자이너 도그라고 불려요. 소형견 중에는 하이브리드 도그도 있는데요, 어떤 견종이 있는지 알아보아요.

① 말티푸

말티푸는 1990년대 미국에서 처음 생겼다고 알려져 있어요. 알레르기가 심한 사람들을 위해 털 빠짐이 적은 강아지를 찾다가 말티즈와 푸들을 교배했다고 해요. 말티즈는 순하고 애교가 많지만 예민한 성격을 가졌고, 푸들은 활발하고 장난기가 많으며 똑똑한 성격을 가졌는데요, 말티푸는 이런 성격이 섞여 똑똑하고 활발하고 보호자를 잘 따른다고 해요. 하지만 예민해서 낯선 소리, 물건 등에 경계심이 높아 잘 짖기 때문에 초인종 소리, 전화벨 소리, 오토바이 소리 등에 대한 둔감화 교육을 시켜 줘야 해요.

말티푸는 곱슬거리고 중간 길이의 푹신푹신한 털을 가지고 있어요. 털은 푸들보다는 부드럽고 말티즈보다는 곱슬거리는 정도인데, 털 빠짐이 거의 없다는 게 큰 특징이에요. 말티푸의 털 관리는 어렵지 않지만 자주 빗질을 해 주는 게 중요해요. 또한, 얼굴 주변 털이 길어지기 때문에 털이 눈을 가리거나 찌르지 않도록 주기적으로 잘라 주어야 합니다.

말티푸

몰키

폼피츠

❷ 몰키

몰키는 말티즈와 요크셔테리어 사이에서 태어난 견종으로 요크티즈, 모크셔테리어 등의 이름으로도 불려요. 1990년대 후반 미국에서 의도적으로 말티즈와 요크셔테리어를 교배해 생겨나게 되었는데, 털이 많이 빠지지 않고, 발랄하고 사랑스러운 성격의 견종을 만들기 위해 개량을 시작했다고 합니다. 따라서 털 빠짐이 거의 없지만 털이 가늘고 길어서 쉽게 엉킬 수 있기 때문에 빗질을 자주 해줘야 해요.

몰키는 요크셔테리어의 성격을 물려받아 활발하고 에너지가 넘쳐요. 산책은 매일 30분~1시간 정도가 적당하며, 뼈와 관절이 약하기 때문에 격한 운동은 하지 않는 게 좋아요. 그리고 몰키는 낯선 사람은 경계하지만 보호자에 대한 애정이 깊어요. 자칫하면 분리불안이 생길 가능성도 있어 주의가 필요해요. 또한 말티즈의 성격을 물려받아 고집이 센 편이어서 지능은 높지만 훈련을 시키기가 쉽지 않다고 해요. 보호자가 인내심을 가지고, 적절한 칭찬과 보상을 통한 훈련이 필요합니다.

❸ 폼피츠

폼피츠는 스피츠와 포메라니안 사이에서 태어난 견종으로 폼피츠의 머즐(주둥이)은 스피츠에 비해 덜 뾰족하며 포메라니안 보다는 더 뾰족해요. 또 부모견인 스피츠, 포메라니안과 마찬가지로 털 빠짐이 심해요. 폼피츠는 외국에서보다 우리나라에서 더욱 잘 알려져 있으며, 실제로 외국에서는 '폼피츠'라고 하면 못 알아 듣는 경우가 많아요. 이는 우리나라에서는 포메라니안과 스피츠를 키우는 반려인의 비중이 외국보다 커서 자연스럽게 폼피츠가 대중에게 소개된 것으로 추측하고 있어요.

폼피츠는 경계심이 심하여 낯선 환경에 잘 적응하지는 못하나, 보호자와 함께 있다면 다양한 장소에 잘 적응하는 편이에요. 폼피츠의 훈련은 어렵지는 않으나, 입질이 다소 있는 편이어서 초반에 물릴 수가 있어요. 게다가 잘 짖는 편에 속하여, 짖지 않게 훈련 시키는 것은 오랜 시간이 걸릴 수 있다고 해요. 폼피츠는 활동량이 많은 편이며, 뛰어다니는 것을 좋아하기 때문에 같이 조깅을 하기에 적절한 파트너견이 될 수 있답니다.

2장 고양이 연구소

5화
고양이 털색과 무늬에 숨겨진 비밀

고양이 털의 무늬는 머리와 꼬리에 가장 먼저 생기고

등, 배 순서대로 생깁니다.

비밀 2
흰 털에 파란 눈은 청각 장애?

흰 털에 파란 눈을 가진 고양이는 청각 장애라는 말이 있는데요,

냐냥!

조용~

갸우뚱?

왜 대답이 없냥?

실제로 청각 장애를 가지고 태어날 확률이 높지만

에구야!

두둥

흐음….

무조건 그런 것은 아닙니다.

6화
고양이 눈에 숨겨진 비밀

멜라닌: 동물의 조직에 있는 검은색이나 흑갈색의 색소로, 색소의 양에 따라 피부나 털, 망막의 색깔이 결정돼요.

이유4
아기 때는 모두 파란 눈이다

모든 아기 고양이는 파란색 눈을 가지고 있지만

사실 눈동자 색이 파란 것은 아닙니다.

눈 색 예쁘다옹.

응?

성묘가 된 이후 고양이의 눈 색깔은 변하지 않습니다.

만약 눈 색깔이 변했다면 질병의 신호일 수 있습니다.

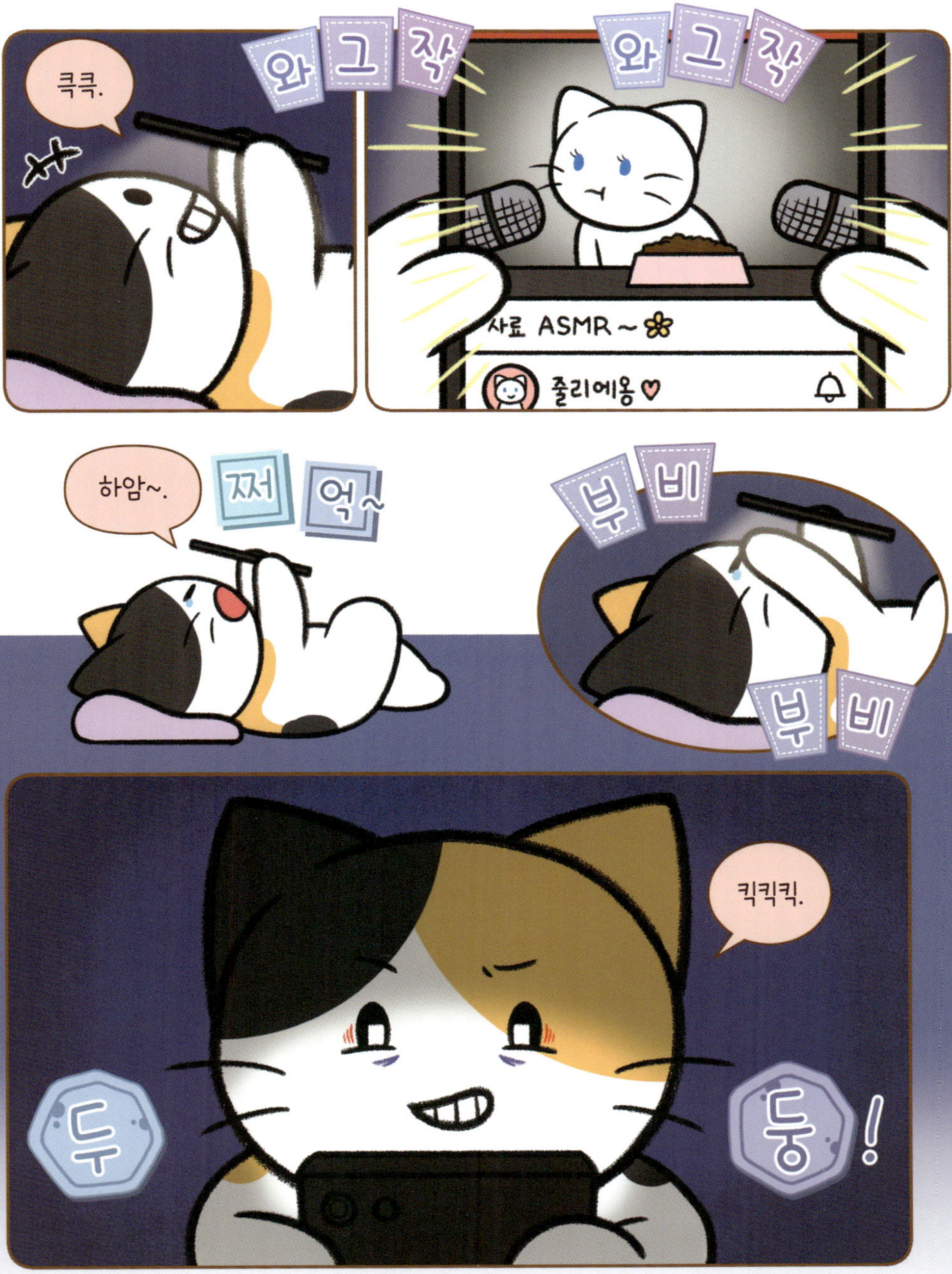

큭큭.
와그작
와그작
사료 ASMR~
줄리에옹
하암~.
쩌억~
부비
부비
킥킥킥.
두둥!

대장 고양이는 무엇을 할까?

강아지들의 세계에서

무리를 이끄는 우두머리가 있는 것처럼

고양이들의 세계에서는

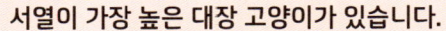

역할 2
내 구역 안에서는 싸움 금지!

대장 고양이는 자신의 영역 안에서 고양이끼리 싸움이 나면

중간에 끼어들어 싸움을 중재하기도 합니다.

고양이는 싸움을 하다 보면 치명적인 상처를 입는 경우가 많아

생명이 위험해질 가능성이 높아집니다.

8화
고양이 번역기를 사용한다면?

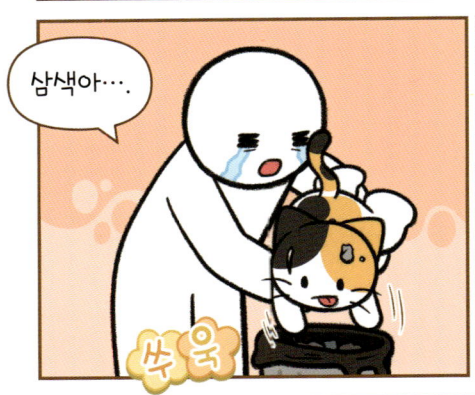

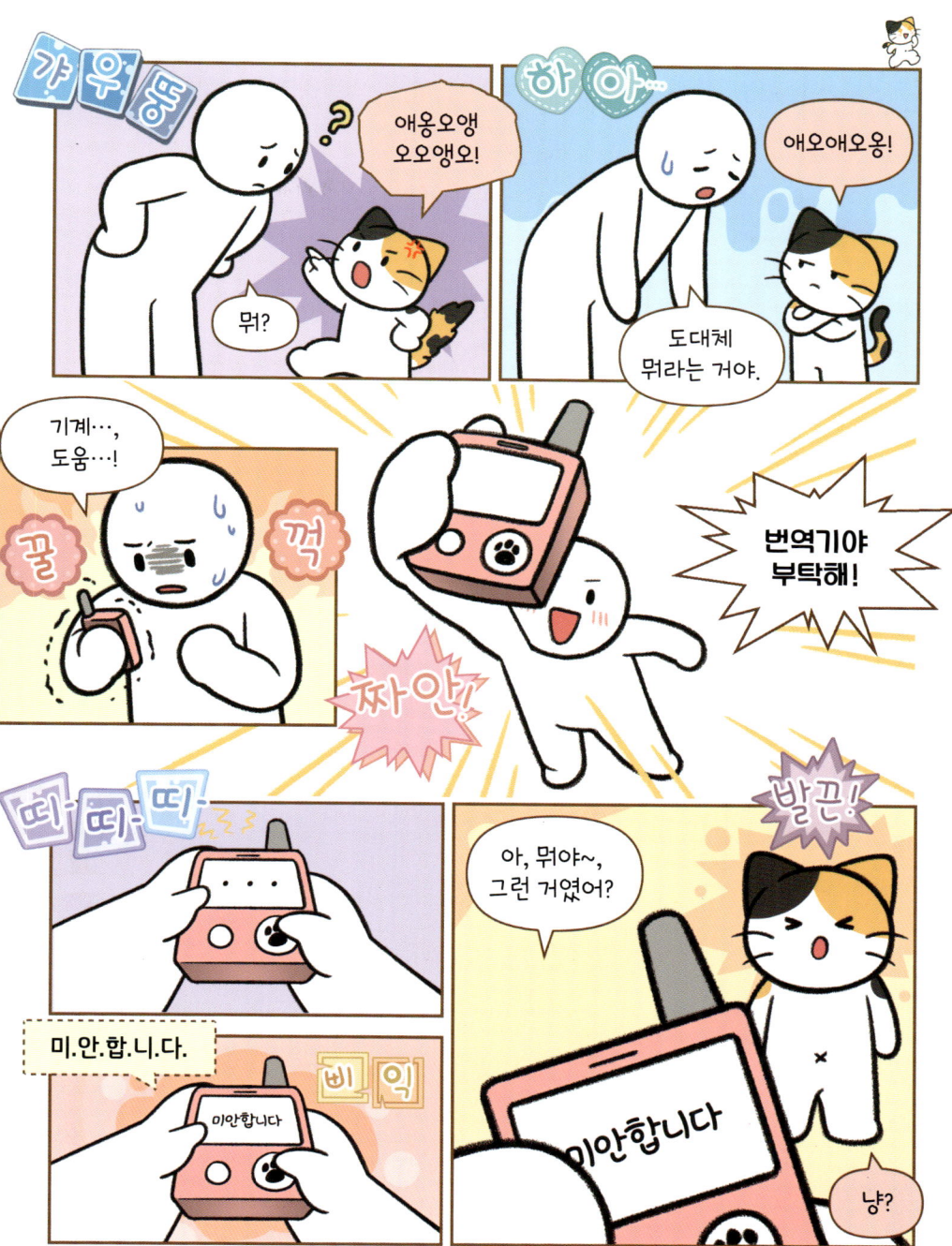

단모종 고양이의 특징

단모종 고양이는 털 길이가 짧은 고양이를 말하는데요. 단모종이라도 속 털까지 빽빽하게 난 이중모이기 때문에 털 날림이 심한 편이에요. 대표적인 단모종 고양이에 대해 알아보아요.

브리티쉬 숏헤어

❶ 코리안 숏헤어

코리안 숏헤어는 골격이 크고, 체구가 큰 편이며, 자연에서 다양한 유전자가 섞여 특별한 유전 질환이 없지만, 길고양이 출신이라면 면역력이 약하므로 허피스, 기생충, 폐렴 등에 주의해야 해요.

❷ 러시안 블루

러시안 블루는 얌전해서 고양이계 신사로 불리며, 애교와 장난기가 많아요. 단, 식탐도 많아서 비만이 되기 쉬워 식단 조절에 유의해야 하고, 신장 기능이 약하기 때문에 요로 결석에 주의해야 해요.

❸ 샴 고양이

샴 고양이는 장난기와 호기심이 많고 활동량이 많은 편이며, 사교성도 좋아요. 단, 샴 고양이는 위장 질환, 안과 질환, 감각 과민 증후군에 취약해서 주기적으로 건강 검진이 필요해요.

❹ 아비시니안

아비시니안은 지적 수준이 높아 훈련도 잘 받아 고양이계 보더콜리로 불리며, 호기심이 많아요. 단, 장기나 조직에 단백질이 비정상적으로 쌓이는 아밀로이드증과 치주 질환을 조심해야 해요.

냥이 상식 하나 추가요~!

⑤ 데본 렉스

데본 렉스는 곱슬곱슬한 털, 큰 눈과 귀, 도드라진 광대뼈가 특징인데, 겉 털이 거의 없어 햇볕을 오래 쬐면 피부 질환이 생겨요. 또한, 데본 렉스 근육병증, 거대 식도증을 조심해야 해요.

⑥ 아메리칸 숏헤어

아메리칸 숏헤어는 크고 통통한 얼굴, 굵은 뼈대와 크게 발달한 근육을 가졌어요. 식탐이 많아 과식하는 편이라 식단 관리에 신경 써야 해요.

⑦ 싱가푸라

싱가푸라 고양이는 싱가포르의 국보로, 세상에서 가장 작은 고양이입니다. 성묘가 돼도 체구가 아주 작아서 자궁 무력증을 앓는 경우가 많고, 빈혈을 일으킬 수 있다고 해요.

⑧ 스핑크스 고양이

스핑크스 고양이는 0.5~2mm 정도의 짧은 솜털을 가지고 있어요. 피부 표면에 유분기가 많아서 고양이가 몸을 비비고 지나간 자리마다, 기름때가 껴 누렇게 변색될 정도라고 해요.

⑨ 봄베이 고양이

봄베이 고양이는 까만 발바닥과 속 털, 단단한 골격을 가졌어요. 점프력이 좋고 활동량이 많은 편입니다. 봄베이 고양이는 버미즈 머리로 알려진 두개 안면 기형에 걸리기 쉽다고 해요.

⑩ 뱅갈 고양이

뱅갈 고양이는 표범을 떠올리게 하는 화려한 무늬가 특징으로, 뱅갈 고양이의 털은 금이나 진주를 뿌려 놓은 듯 반짝여 글리터링이라 불려요.

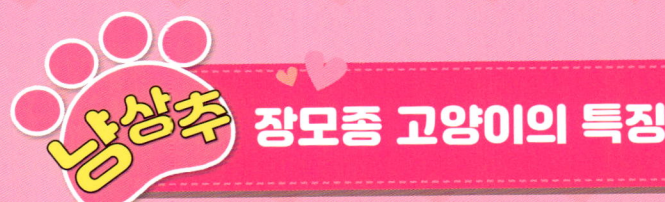

장모종 고양이의 특징

장모종 고양이 집사라면 집 안 곳곳에 고양이 털들을 쉽게 볼 수 있어요. 장모종 고양이의 경우, 털이 길고 빽빽하게 나 있기 때문에, 만약 고양이의 헤어볼 문제가 계속된다면 염증성 장 질환으로 이어질 수 있어 털 관리에 신경 써야 합니다. 대표적인 장모종 고양이에 대해 알아보아요.

브리티쉬 롱헤어

❶ 페르시안 고양이

페르시안 고양이는 이름에서 알 수 있듯, 페르시아와 아프가니스탄 지방에서 온 것으로 알려져 있어요. 페르시안 고양이는 다리가 짧고 굵으며, 전체적으로 둥글둥글해 보이는 코비(cobby) 체형이며, 코가 얼굴에 비해 작고 납작하며 주둥이가 짧은 단두종 고양이입니다. 코가 얼굴 안쪽으로 쏙 들어가 있는 듯 보이고, 아래턱이 일반 고양이에 비해 작아 부정 교합인 경우가 많다고 해요.

❷ 터키쉬 앙고라

터키쉬 앙고라는 튀르키예(터키)의 국보 고양이로, 앙카라 동물원에서 종 보존과 번식을 위해 터키쉬 앙고라를 보호하고 있다고 합니다. 다만, 터키쉬 앙고라 중에서도 흰 털에 푸른 눈을 가졌다면 난청에 걸릴 확률이 높은데요, 그 이유는 흰 털과 파란색 눈을 결정하는 유전자가 청력과 밀접한 관련이 있어서예요. 게다가, 생후 2~4주 된 아기 터키쉬 앙고라에게서 근육의 움직임을 조절하는 데 문제가 생기는 질병인, 운동 실조증이 생길 수 있어요. 이 경우, 중심을 잡거나 섬세한 움직임을 하는 데 이상을 보일 수 있다고 해요.

냥이 상식 하나 추가요~!

❸ 노르웨이 숲 고양이

노르웨이 숲 고양이는 노르웨이를 포함한 스웨덴, 덴마크 등 스칸디나비아반도의 역사와 함께할 정도로 오래된 품종이에요. 바이킹 신화에 등장한 "스코그캇(Skogkatt)" 고양이로도 알려져 있는데, 스코그캇은 아찔한 절벽이 있는 산을 지키는 요정 고양이라고 해요. 노르웨이 숲 고양이는 추운 북유럽에서 온 만큼, 털이 풍성하고 긴 털이 촘촘하게 나 있어서 더위에 아주 약해요. 또 성묘가 되는 데 3~4년이 걸린다고 해요.

❹ 메인 쿤

메인 쿤은 미국 북부의 메인 지역에서 자연 발생한 종으로 알려져 있어요. 성묘가 되는 데 3~5년이 걸리고, 꼬리를 포함한 몸길이가 약 100cm 정도 되지요. 성묘 기준 암컷은 약 4~7kg, 수컷은 약 6~10kg 정도로, 종종 15~20kg까지 성장하기도 해요. 특히, 메인 쿤의 약 40%는 일반 고양이보다 발가락이 많은 다지증인 경우가 많아요. 다지증은 유전적 돌연변이로, 우성 유전자라 자손에게 유전될 확률이 높다고 합니다.

❺ 시베리안 고양이

시베리안 고양이는 러시아에서 온 고양이로, 추운 러시아 기후를 견디기 위해 겉 털과 중간 털, 속 털 모두 길고 빽빽하게 난 삼중모라고 해요. 특히 겉 털은 비에 젖지 않게 방수가 되고, 날씨가 추워질수록 안쪽 털들이 더욱 빽빽하게 난다고 해요. 시베리안 고양이는 사교성이 좋아 처음 보는 사람이나 동물에게 먼저 다가가는 편이에요. 덩치가 제법 큰 편으로, 성묘가 되는 데 5년 정도 걸린다고 해요.

 SANDBOX

*이 책의 판매금 일부는 유기 동물을 위해 쓰입니다.

[THE SOY] 루퐁이네의 첫 영상툰

여기는 루퐁이네

안녕? 천사들

▶ YouTube 210만 구독자 셀럽 강아지
똥꼬발랄 강아지 자매의 러브 하우스

바라만 봐도 심쿵하는 루퐁이의 매력
유쾌함 넘치고 사랑 가득한 루퐁이의 일

루디
#쌈바요정
#소심한 인싸

퐁키
#울보쟁이
#용맹한 겁쟁이

★Chapter1 아기 루퐁이와의 만남★

★Chapter2 루퐁이의 일상★

★Chapter3 루퐁이의 여행★

ⓒ루퐁이네 ⓒSANDBOX

값 14,000원 문의 02-791-0708 서울문화사

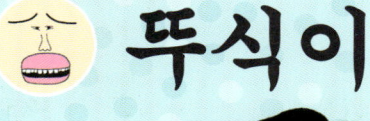